来尝尝各种美味佳肴吧

Nam Nguyen 著　　Janelle Viray 图　　Anna Lai 翻译

Text Copyright © 2024 Nam Viet Nguyen

Illustration Copyright © 2024 Janelle Viray

Translated by Anna Lai

All rights reserved, including reproduction of this story in any form.

All content reflects our opinion at a given time and can change as time progresses. All information should be taken as an opinion and should not be misconstrued for medical, parenting, or nutritional advice.

Printed in the United States of America.

First edition 2024.

www.namvietnguyen.com

www.janelleviray.com

题献

致喜欢帮着我们做饭的Remy。
致家里新添的吃货Riley。
　　　-Nam

有爱和笑声包围着的菜有味道更佳。感谢妈妈仍愿为我用爱烹煮一日三餐。谢谢在天堂的爸爸，每次在您最喜欢的餐馆吃饭我都会想到您。谢谢喂养和滋养过我心的每一个人，你们知道是谁。
　　　-Janelle

献给我的家人，因他们我才有如今的模样。
　　　-Anna

宝贝，是不是饿了呀？

别担心,我知道你没见过这些菜肴,但我为你准备的菜肴一定好吃,相信我吧!

盘子上出现了新的东西，
你用你的大眼睛看看它的大小和形状。

看看它的颜色，再闻闻它的味道，想想接下来你想怎么做。你会喜欢我们为你做的菜肴吗？还是会想要吐出来呢？

你可以从不同的菜肴中尝到不同的味道，有咸的，有甜的。

如果你再勇敢一些,我们可以一起试试有点辣的,有点热的。以后你还可以尝尝苦的、酸的、浓的、涩的,但现在我们先从还没尝过的味道开始好了。

不吃进肚子里，

你怎么知道它好不好吃呢？

一直吃同样的菜肴，我们想你很快就觉得无趣，所以我们决定到世界各地去让你开心。

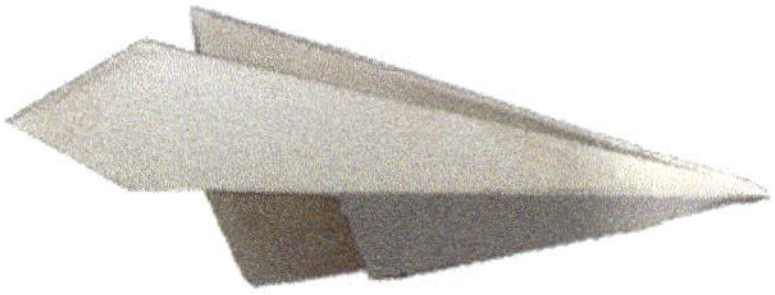

世界上有许多独特的香气和风味、口感和层次，还有很多很多等着你去品尝呢。

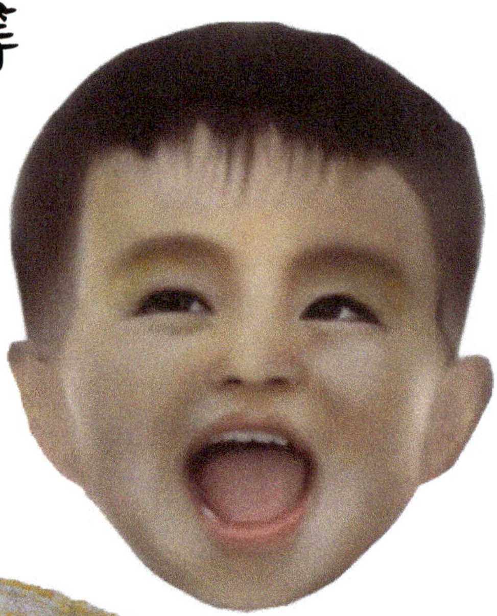

你可以在每一种不同的美食上尝一口，

不用搭飞机也能尝到不同地方的味道。

来用牙齿尝尝爽脆的东西吧。

你喜欢清脆的清新口感吗?
还是会担心得把它抛在脑后呢?

你会学会享受每一口温暖又有营养的汤吗?

我们一起来感恩熬汤时所花的时间吧，是一点一滴的累计才让它尝起来如此美好啊。

不吃进肚子里,

你怎么知道它好不好吃呢?

别担心，不论是还没吃过的菜肴，还是已经吃过的菜肴，我们都会一起去尝试。谁会不喜欢自己爱吃的菜肴呢？

不过我们可以试试一起往外看看，去尝尝新的美食吧，别让等着被品尝的美味溜走啊。

你会渐渐长大,会交到新的朋友,会看到朋友们分享他们最爱的佳肴。

丰富的文化写出了不同的食谱，
所以每一口都是美味历史。

厨房里有千万种食材,

是烹调的方法让食材变成我们独特的传统哟。

你知道的多了，就会发现你的朋友有些会因为宗教和个人信仰而不吃猪肉、不吃牛肉，或不吃任何的肉。

这和我们能够一起使用的食材相比，只是很小的小差别。

我们为其他人准备美食，
是因为我们关心他们呀。

不吃进肚子里,

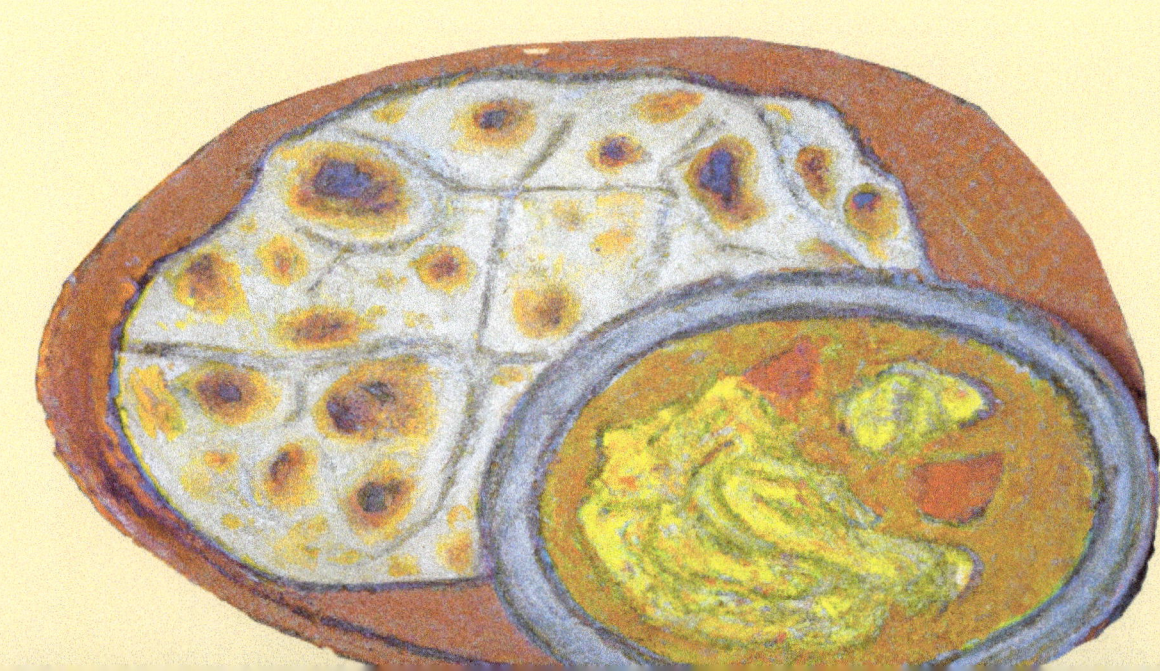

你怎么知道它好不好吃呢？

吃饭别着急,
这不是大胃王比赛,
你要好好享受食物啊。
用自己喜欢的速度吃饭,
别忘了给肚子留点空位

因为我们最后还有甜甜的甜点哦。
我们有水果和冰淇淋,

还有馅饼和蛋糕，我们一起来看看你的盘子里少了什么吧。

我们看看就知道你喜不喜欢了。

每一口都能尝出新味道。

我们希望你能勇敢尝试新口味，

打开你的心胸去接受每一顿佳肴。

一切美食都来自家人与朋友的爱，每一道菜肴都有一个故事，我们一起来拥抱故事的开始和结局吧。

生平简介

Nam Nguyen

是居住在德克萨斯州休斯顿的作家。他从试着说服儿子品尝新菜肴中得到这本书的灵感。同时也得到了像Anthony Bourdain和Parma Lakshmi这样探索菜肴、文化和历史的相关性的个人的启迪。他喜爱旅行、烹饪和享受家庭时光。

www.namvietnguyen.com

Janelle Viray

一餐一饭,若佐以盈盈笑语,拳拳爱心,眷眷之情,则风味更佳。
谢谢妈妈,依然用心为我烹制自家佳肴。
谢谢天堂里的爸爸,每次在您所爱的饭馆就餐,我依然觉得您宛然若在。
谢谢大家,诸位滋养慰藉我心。

www.janelleviray.com

Anna Lai

喜欢阅读各种奇妙的故事,空闲时特别喜欢探索新的世界。

致谢

诸位知晓,自不待言。
鸣谢以下这几位的意见、鼓励和一直以来的帮助:

Anna Lai   Grace Zhao

Margaret Liu   Alice Xie

www.ingramcontent.com/pod-product-compliance
Lightning Source LLC
LaVergne TN
LVHW072129060526
838201LV00071B/5001